Ulla Hahn

Galileo und zwei Frauen

Gedichte

Deutsche
Verlags-Anstalt
Stuttgart

The Apostle tells us that in the beginning was the Word.
He gives us no assurance as to the end.

George Steiner

In fremden Häusern

Immer in fremden Häusern gewohnt
und in Wörtern. Angst
etwas könnte mir einmal ganz gehören
Bloß keine Bilder aufhängen
bloß keinen Herd um das Feuer
Flüssig halten die Zeit und dazwischen
Schlaf mit dem Kopf auf dem Koffer
voller Lebnzerschmissn.

Schlafende Muse

Keines der Bücher die jetzt im Druck sind
wird sie noch lesen können und den Trost
der Bäume nicht mehr erfahren nicht einmal
aus den Spitzen der Knospen und der
schöne Augenblick – der ohne Schmerzen –
versteinert sich immer
schneller und liegt dann
unverrückbar einer und nach dem anderen
schwer auf ihrer Brust und ihr Stückleben
gleicht immer mehr einer harten Sache einem
harten Porno obszön und voller Gewalt und Erniedrigung

Wäre nur nicht so vieles
an ihr noch honig und golden das spitze Gesicht
unterm Kopftuch das Gesicht einer kleinen Muse
Warum
liest man sie aus dem Leben mitten heraus
wie einen faulen Apfel aus einem Faß? Mein Haß
ein fingerloser Ehering der keinem paßt

Der Morgen kommt Ich bin die ganze Nacht
bei ihr gewesen an ihrem hohen Bett
Sie hat so gern gespielt
ein neues Spiel ein neues Glück va banque
mit sich den anderen nach ihrem Kopf nach
ihren Regeln Alles geht und jetzt geht alles
nach dem Kopf des Lebens und seine Willkür
ist Gesetz und alles ächt jetzt alles
fest umrissen alles ganz sicher Niemals

mehr eine Chance das eine oder andere
jetzt oder bald zu wählen
nicht einmal zwischen Kaffee oder Tee   Der Morgen
pfleger kommt   Sie schläft   Ich werde gehen
können   Ich kann gehen
sogar übers Wasser solange das Eis hält oder
im Zimmer bleiben wo die Februarsonne schon wärmt.

Die Witwe meines Vaters

wartete bis die Frist um war
und man sie auf den Gatten
betten konnte. Das sparte
die eine Hälfte von dem Doppelgrab.
Da
neben lag die Mutter mütterlicher
seits auf ihrem Mann. Das hatte
die andere Hälfte eingespart. Ich
ledig floh in eine andere Stadt.

Kölner Bucht

Kölsch Kappes und ne halve Hahn Jupp klüngelt
mit Schäng der mit dem Marie die mit dem
Sozialamt der Bürgermeister mit Düsseldorf
der Kardinal direkt mit IHM große Freude
daselbst über neunundneunzig Sünder – der eine
Gerechte – Jesus soll hier nicht umsonst
gestorben sein. Hl. Ursula hl. Barbara hl. Gereon
hl. drei Könige bittet für mich. Hand in Hand
zwischen Klatschmohn und Margeriten Blumenkohl
in der Luft Porree und Dicke Bunne hinterm Damm immer
hinterm Damm unter der Weide der erste Kuß das
erste Mal immer mit Sand in den Schuhen Kiesel
steinchen zwischen den Zehen den Rhein rauf
bis Bingen im Müllemer Böötche op
die schäl Sick Reibekuchen mit Krückche am
Büdchen vorm Hauptbahnhof. Die Großmutter
starb in Pantoffeln und Schürze kartoffelschälend
das Messer in der Hand war schwer
ihr da den Rosenkranz reinzuzwängen. Von 33–45
hängte sie die Kirchenfahne aus dem Fenster.

Spartakus im Rheinland

In Bussen immer in Bussen vom Domplatz
durchs Bergische Land den Rhein rauf
und runter zu den Schau Kampf
Plätzen der Revolution Streuselkuchen
vom letzten Besuch bei der Mutter harte
Eier Kartoffelsalat ab und zu ein
Kottlett paniert ein Lied
auf den Lippen immer ein Lied Maria
zu lieben wir schützen Christus die
Sowjetunion mein König der Rosa
Luxemburg dir allein reichen wir
schwör ich die Treue die Hand
lilienrein bis in den
Tohot dihie Troihoije
unter Spaniens Himmel und unserem
seine Sterne und unsere
Schrebergärten Misthaufen fein geharkte
Parzellen Garten und Zwerge rot um
randet was war nicht alles so rot um
Rand Stein Kante Eternitbauweise Beton
Mischmasch Ine Ich war das Arbeiter
Kind und wußte wos lang geht
zu den Beseeligungen der Absolution Leidens
Druck Reifendruck Plakette vom TÜV bis an
mein Lebensende. Ach wie aufgeräumt
winkten wir den Müllmännern Post
Männern Nonnen Putzfraukolonnen unsere
Frohbotschaft zu ließen dä Dom in Köllè
die Kirche im Dorf aber den Kinderglauben

nahmen wir mit Kommune statt
Kommunion Hammer und Sichel anstelle
von Brot und Wein aber Fleisch und Blut ja
und die Auferstehung des Fleisches als Aufstand
der Massen und über allem im Anfang:
das Wort. Alle hießen wir Holder fragten:
Leben die Bücher schon? Und wenn
im Osten nach Regen Donner und Blitz
die Sonne durchbrach nannten wir
ihre Strahlen das Auge Gottes und ahnten
wo die Gesänge wahr

Turnier

Mein Vater der Riese spannt seinen Bogen und lacht
Luftspuren im Kopf meiner wehrlosen Mutter
Nichts nachzuweisen   Blut   sieht wie Erdbeermarmelade aus
Die Sintflut   Becken im Wettkampfformat
Du weißt   Ich kann nicht schwimmen Vater   Hilf mir
Jetzt ist die Reihe an uns.

Lernprozeß

Also da bin ich mal wieder
                        unter Wasser Salz
Wasser das alle Wunden
                        aufbricht Salz
des Lebens
            Brot auch
vier Wochen alt
               Verlangte Tinte
dies zu notieren
                  man stieß mich aber
unaufhörlich vorn Kopf
                      Blut aus Mund und Nase
Reine Lüge
nannte man das
                als ich schrie
Gutgutgut ihr habt recht
                  Einfach umdrehn
die Bilder
                schon sind wir
dem Lachen so nah wie dem Weinen.

Hinter den Rosen

frisches Grün an den Spitzen der dunkeln Eibe
Wörter anrühren mit Erde zum Geheimnis
des Weiterlebens bis mich der Tod zwingt
ihn zu verstehen
                hinter den Rosen   Hitze
in der sich die Silben wie
Kletterpflanzen durch die Dinge
verschlingen   Wirrsal von Wort und Ding
Echo und Schatten   rasend   daß kaum
noch eines den Boden berührt hinter
den Rosen Musik ohne Töne Wörter
buchstabenlos die einzige Form
mich zu wehren.

Für Dorian Gray

Das Herz der letzten warmen Tage das
Zerreißende im Norden dünner Lichtschein
all die schönen Toten weiß über weiß der volle Mond
geht in den Birken auf Wie sehr
vermissen wir schon jetzt das Unerträgliche
das wir Die Hitze nannten
Rascheln von Schlangen   Schwalben
davongeflogen wie Wörter
aus einem kranken Kopf.

Pfingsten

Niemand hat Lust mehr
die Türe zu öffnen
niemand klappert mehr

mit den goldenen Geräten
zündet Maria zu lieben
die Bienenwachskerzen an

Alte Frauen und Kinder
versuchen mitunter durch die
Ritzen ins Innere zu sehen

verstreun fromme Liedchen
wie Krumen als lockten sie damit
das große Magnifikat wieder zurück

Für

Gott und alle Engel sollten ihn schützen
Wen   Den der da liegt   Wo liegt   Wo
Gras wächst   liegt er wie man so
auf   Wiesen liegt   die Beine ein wenig
gespreizt entspannt   die Sprache
eines Körpers der schläft   die Täuschung
einer Sprache des Körpers der da liegt   Wo
sein Helm liegt   blau   in den Blumen
von denen ich nicht einen Namen weiß
wunschlos traumlos
nie wieder ein Verlangen nach weichen Versprechungen
nie wieder auf roten Tigern über die Champs-Élysées
liegt er
unter dem hohen Warnruf des Vogels
den er nicht hört   In seiner Mulde
zwischen Schlüsselbein und Schulter ein Körperchen
von einem Zoll gebundene Füße
ausgestreckte Arme männlich nackt
auf einem Sterlingsilberkreuz   liegt leicht auf dem
der schwer im Gras liegt   die Augen   weit offen
als suchten sie den Himmel ab   Stechmücken
fliegen hüfthoch auf in einer losen Wolke
zerstreun sich im Gestrüpp   purpurn orange violett.

Die Hand die streichelt

Viele versuchten umsonst das Freudigste freudig zu sagen,
Hier spricht endlich es mir, hier in der Trauer sich aus.
Friedrich Hölderlin

Wem war Antigone nah? Ihrem Vater
der seinen Vater erschlug? Ihrem Bruder
der seinen Bruder erschlug? Wer sprach zu ihr
mit stimmloser Stimme?
Wem war der Reichsbeamte nah? Der Frau
die leuchtete wenn er sie ansah
Den Kindern wenn er sie vorm Schlafengehen küßte
Wer sprach zu ihm?

Die Hand die streichelt
folgt der Form des Körpers, ihr Liebkosen

Hilfloser als die Frau zu Hause und der Sohn
der älteste der eben in das zweite Schuljahr kam
Vierzehn Gesichter: nackt ohne Deckung Maske Macht
Forderten nicht und drohten nicht. Versprachen
keine Belohnung.

Die streichelnde Hand bedeckte den Leichnam
des Bruders mit Erde vor den Toren von Theben
Die streichelnde Hand fälschte vierzehn Pässe
für vierzehn Reisen nach Zürich

Was dachten sie? Antigone die Braut
kurz vor der Hochzeit. Der Reichsbeamte
der sich so gerne aus der Stadt ins Freie schlug
und mit den Kindern durch den Wald ans Meer

Es war im Sommer. Wind in den Zedern Pinien
den Eichen Linden. So ungestalt wie ein Gewölk
am Himmel dachten sie. Sie dachten nicht.
Weil man zum Denken Wörter braucht

Die sie nicht brauchten. Sie taten ihres wie
vom Stern getroffen ihr Wesen aufgelöst
im Hütersein des Bruders ins Offne strömend

Man mauerte Antigone in eine Höhle vor der Stadt
September hing mit reifen Früchten roten Beeren
schwer überm Hügel drin sie sich erhängte
Den Reichsbeamten trugen sie beim Morgengrauen
im April auf einer Bahre unter den Strang
Zwei haben ihn gehalten. So krank schon.
Ein Dritter legte ihm die Schlinge um den Hals.

Die Hand die streichelt löst in uns die
offene wehe wortlose rauhe Liebe
und ihre Asche klopft auf unserer Brust.

Gedicht

Für Proteus

Denn bald hat man dich als Mann, bald als Löwen
gesehen, bald warst du grimmiger Eber bald –
entsetzlich anzufassen! – eine Schlange;
bald machten Hörner dich zum Stier; oft
konntest du wie ein Stein, oft auch wie ein Baum
aussehen. (Ovid: Metamorphosen VIII)

Schwer zu erklären daß ein Gedicht
keinen Gegenstand hat wie ein Schiff
seine Container eine Jahreszeit ihre Blumen
Unteilbar wie eine Primzahl
Daß es flieht wie du vor der Zeit
und vorbei ist
wenn du zu schreiben aufhörst zu
lesen aufhörst wenn du dich nicht
mehr erinnerst was du gerade noch
warst in einem Aufblitzen
einem Moment lang ein Wort lang
Schilfrohr Flamme Staub Komet
der vorbeizischt ein Schwarm
kleiner Vögel zwitschernd über
uns   alle hinweg   nichts Greifbares
nicht einmal schwarz auf weiß
Höchstens Kindermalkasten
springendes Wasser an dieser
Erde festbinden   Hostie
unter der Zunge Vertrauen

gelassen und blind Gespielt
auf Syringen hart wie eine
Brise so wie an den Hut getippt
Jetzt und Vorbei Oh
du Angst vor dem Ende endlose Angst
daß alles vorbei ist bis alles vorbei ist
solange wir schreiben
solange wir lesen kann es
kein alles geben solange du schreibst
solange du liest sind nur die anderen
für dich gestorben wenn du es liest
wenn es dich liest aus
setzt unter wuchernden
Himmeln Fallobst Septemberäpfel
das Rohe und das Gekochte
das Leere das Gestillte der Überfluß
Hand und Fuß mit Schuhen und ohne
Mann und Frau mit Sehnsucht
und ohne Brotsuppe mit Bier Jetzt
und Hier sag was du willst was
willst du mehr als alles zurück und
Für Immer Nichts hört auf
wenn du aufhörst zu
Sein oder? Nichtsein kann es nicht geben
im Gedicht nicht geben und nicht im Leben
Nimm das Holz aus der Glut Keiner
den Asche erfreut Gib Namen Prämissen
Gib Namen Kleine Unterkünfte über
dem Abgrund gegründet All die Musik
aus der Stille in Beethovens Ohr.

Abgestellt endgültig abgestellt   Irgendwann wirklich
das letzte Gedicht   Darf keine Trauer sein
Fangzahnordnung für ein paar
Leichenteile kross schwimmend in Katastrophen
und frischer Wäsche
Rosen regnen herab keinerlei
Messersschneiden Ziegelsteine
Mag sein

       Gefaltete Hände von einem Fräulein
       die anno Nero schon
       Bravo Da capo Bravissimo rief.

Nah liegen die Höhlen leicht zu erreichen
Wasserläufe Nester und Schluchten viel
dichtes Schilfversteck Libellenflügel von ferne
Wolfsgebell dringt nicht ins Bild.

Wiedersehen

Ein Blatt aufheben gegen
die dünnste Stelle in den Wolken
in die Sonne halten Rückwärts
erscheint die Mutter scheint
ihr kleiner trockener Körper auf
hoch oben Kirmeszelt so
trocken wie ein jahrelang
gestorbenes Kuchenherz Lebkuchen
Herz mit abgebrannten Mandeln
gesprungenes Glasur Gesicht noch
immer schönes Haar ganz rot
im Abendlicht als obs der
Heimweg wär so hoch da droben

Zittern

Du wirst zittern das macht nichts du wirst
wieder zittern und wieder jeder zittert
zuerst du wirst zittern du kannst
deinen Augen nicht trauen nicht deinen Ohren
zwischen Zischeln und Schielen zittern
zurücktaumeln immer weiter zurück über
alles Zittern hinaus ins Ende keimfrei und kahl
du wirst zittern

Nervenbündel

daß etwas aus dir heraustreibt
was du noch nie gesehn hast
wofür dir ein Wort fehlt
und du das was du von dir erkennst
was du für dich hältst daliegen siehst
ein kleiner ziemlich abgenutzter
Körper Larve im Strickkostüm
aus der heraus eine Bewegung
glänzende Steigung Aufstieg
leuchtendes Driften
dazwischen darüber darunter dahinter davorn
berauschender Überfluß strenge Notwendigkeit
Nervenbündel alias Seele
an einem dünnen Faden aus Atem

Schöne Hände gehabt jetzt
wuchern die Knochen das hängt
nicht von aktuellen Ereignissen ab
Niemand lindert deinen Verstand
am Ende kriegt dich die Erde der Rest
fährt in den Himmel auf so
schöne Hände da oben.

Über Bord

Der Tag an dem sich die Rose ausdehnte
zusammenzog dehnte in meinen Atemzügen
an dem ich in Gerhard Richters Bilder
hineinging und bei de Kooning wieder
herauskam an dem ich ein schillerndes
blau metallisches Hühnerherz kochte und aß
an dem ich die Schwalben auf einem
Draht in meinen Hinterkopf fotografierte
an dem mir die Sonne am rechten
der Mond am linken Ohrläppchen hing
ich mich mit Rameaus Cousin zum lunch
traf er mir das Alphabet schriftlich vermachte
wir Kiesel in ein rundes Becken warfen
daß es platschte was einen Schiffbruch
auslöste im südchinesischen Meer
wo sich die Wasserschildkröten jagen und hin
und wieder ein Matrosenfinger der
über Bord gegangen ist ganz anders als wenn man
in' Wald geht mit seiner Liebsten so arm
in Arm und ans Küssen denkt so ganz
anders ist das wenn wer über Bord geht
Musik von weit her weht du sollst
ja nicht weinen sagt eine Musik
wenn man über Bord geht am Himmel
die Sonn steht überm Kiefernwald all die Nadeln
kreisend krächzend auf dieser alten
Schellackplatte du sollst ja nicht weinen
Konzert von Mozart Klavier e moll nie
wieder weinen mußt du mal über Bord

gehn im Kiefernwald sehr bequem
keine niederen Äste kein Unterholz kein Gestrüpp
schwingender schmeichelnder Teppich gesunder
Duft gesundes Harzherz Nadelsausen diskrete Musik
hoher Vogellaut lüsternes Zwielicht wenn du
über Bord gehst ins südchinesische Meer
tauchst weg von den Schäften der
Schiffe Masten aus toten Kiefern   Haut ab
gezogen weg von den Wurzeln gehauen
und von ihren Kerzen drei Kerzen tät
ich anzünden Wer leuchtet dir wenn du
über Bord gehst weder Lianen noch Seile
kein Nordlicht kein Stern   und bei de
Kooning wieder herauskommst

Penelope am Webstuhl

Penelope am Webstuhl

I

Ich bin die
die wartet und webt
den Faden zwirnt
die Fasern färbt
die Farben des Fadens nach meinem Gesetz
die Farben der Klage die Farben der Lust der
Leber der Niere der Liebe des Darms
des Erbarmens der Trauer des Sonnengeflechts der
Zirbeldrüse des Neides des Hasses des Harns
der Raserei und der Demut
Die Farben des Menschen
Meine Farben Penelopes Farben
in die Oberfläche des Stoffes

II

Das Muster farbiger die Fäden reicher
Das Reiche fester wie das Feste weicher
Nichts für ein teutsches Kostüm
Was die Substanz verbirgt der Stoff verhüllt
Soll sich im Muster zeigen
als verberge es was es enthüllt
So groß die Angst DAS MUSTER zu versäumen
Ins Leere springen
immer Männer und Frauen
schön wie Frühling und Sommer unter Pflaumenbäumen
Ulmen umwerben erobern umweben winden

den Löwenzahnkranz für ihr Haar
warm schon die Luft grüne Blattspitzen
bohren durchs feuchte Erdreich warm
schon die Luft Vogelruf trächtige Muttertiere
Saftschächte in den Stämmen der Bäume
Das Sausen des Wassers zwischen Borke und altem Holz
Roter Faden in die Verheißung der Fülle
Nur nicht aufdecken all das Prunken
mit dem was nicht ist
Noch nicht ist

III

Ich bin die
die wartet und webt
Webe nicht weil ich warte
Verkleidet in Warten webe ich
Solange ich webe lebe ich
Weben ohne Taktik Kalkül Weben
blind wie das Leben im Frühling
Und immer
auf der Jagd nach dem
was ich noch nicht webte
Immer größer die Gier
nach dem Nicht-Gewebten
je mehr ich schon webte
Und jedes Weben ist Vernichtung
des Nicht-Gewebten

IV

Darum
darf kein Fertiges sein
Kein Telos kein Endzweck keine Vollendung
Daher
ich jede Nacht das tags Gewebte
mache wieder nicht gewebt
Hörte mein Weben auf
Penelope wäre nicht mehr
Nicht Anteil habe ich an dem Gewebe
Ich bin Seinteil
Und während ich es webe webt es mich
Macht' ich es fertig
Macht' es fertig mich
Darum
aufreißen alles
mein Ich aufreißen zerpflücken zerfasern
und neu zusammenzwirnen
immer wieder neu
Und jede Nacht die Stimme die mir sagt
Verzweifle nicht du wirst es
schließlich finden: DAS MUSTER
farbiger die Fäden reicher
Und die Vollendung auf den Knien
vor der Muse der Zerstörung

Die Hirtin zu Penelope

War eine Zeit da hüpften die Wörter wie Lämmlein ins
Haus wie auf grüne Weide lachend und scherzend auf
ihrer Reise durch Nacht und Sterne ans Messer – ich
Hirtin sie lässig zu drehn und zu wenden und wieder
hinaus zu Spiel und Braus und in hübschen Paketchen in
Strophen wien Stückchen Schocklade zartbitter mit
Nüssen und Mandeln voll
Milch schleckte man sie als Nachtisch zum Leben

Dann kam der Trott. Sie kamen in Scharen im mittleren
Alter süchtig nach ihrer Versklavung was sie für
Verewigung hielten Schlachtschafe mit schwerem Tritt
und Gehirn. Dann wurde das Wasser knapp Seuchen
untergruben ihre Moral

Eine Zeitlang blieben sie fort. Jetzt kommen sie wieder
schleppernd umkreisen mich suchen in Fußnoten
Unterstand scheinen genügsam und scheu. Locken
lassen sie sich wie verlorene Söhne aber struppig und
grau unterm Pelz witternde Rudel verhaltenes Geheul
Zähne Wolken zu reißen

V

Manche lassen sich hören:
Komm hinunter. Längst
gibt es Gewebe genug. Komm hinaus
Iß und trink mit uns, Frau.

Tun besorgt mir die Mühen abzustreifen
von den müdgewebten Armen
Andere schmeicheln mir: Laß uns Schöne
dein Schöngesticheltes sehn
rotes Kitzelgewebe verliebter Versesfuß
Distelkuß Erdenkugelgewebe
Nein sag ich kein neues Gewebe
Mich lockt kein neues Gewebe
Ich sorge mich nicht um
mein neues Gewebe. Aber
Weben will ich. Weben muß ich. Weben
All die Fäden in mir mit ihren
Schatten Flecken und Schlacken
All die Fußstapfen Kohle- und Kreidespuren
Stadtpläne Kindergesichter
aus nächster Nähe Hyänen und Hypothesen
aus lebendigem Perlmutter Scherbenschnitte
Weben. Weben bis es nicht mehr weh tut
und nicht mehr die Erinnerung daran. Weben.
Den Knebel lösen in Muster
voller Schnäbel mit Gesang.

VI

Und wenn er nun käme?
Er diese himmelblaue Chimäre
dieses Blaue vom Himmel herunter
erzählte Gespenst?

Um dessentwillen
ich die bin
die wartet und webt
wie alle Welt glaubt
Wie ich mich fürchte
vor seiner Wiederkehr
dem Feuerkleid seiner Hände
Vor seinem Mund auf meinem Puls
seiner liebeskranken Nacktheit
Nicht länger wäre ich die
die wartet und webt
Nur noch Seinweib
Und tot Penelope
die Weberin

VII

Er kommt er kommt
Mag sein wie eine Hand
in meinem Haar so zärtlich unverhofft
Er kommt er kommt
Mag sein wenn meine Fäden aufgezehrt
mein Muster nur noch
Stückwerk Schemen Mumientuch
brautfarben endlich leichenfarben
narbenweiß
Er kommt
Bis dahin aber
mein Schiffchen frei über Kette und Schuß

Nietzsches Wette

Verloren

Warum ich nie von Liebvaterland singe Lieb
Vaterland träume statt Bäumen Blei
stifte pflanze Seifenblasen ernte im Herbst ach
einst trug ich Zöpfe glaubte der Himmel
stünde links von der Mitte Engel in Blau
Männern vollgetankt mit unverbrüchlicher Wahrheit
daß kein Herze mehr blute. Auf höheren Befehl
strich ich die Adjektive dann das Objekt endlich
das Prädikat allein das Subjekt hielt
sich bedeckt Später
mit Lüge gebrandmarkt schlich es davon
Ich floh in die Luft hangelte mich
in Vierzeilern durch und unregelmäßigen Rhythmen
ins offene Auge Seither Sprechversuche ohne
Versprechen die Faust geballt um ein Alphabet.

Augenblick im August

Schreiben was soll ich schreiben
Heiß heute – Keine Gewerkschaft die für
mein Kaltgetränk kämpft Trauermantel
auf Purpurhut klingt gut steht aber
in keinem Bezug zum Weltgeschehn
wenig sozjale Rellwanz
in Zitronenmelisse und Majoran gehört
eher inne Leberwurst als innen Gedicht
Also halt doch die Klappe oder nimm dir
was vor zum Beispiel Staatsdiener
geben immer was her. Tusch. Oder
Wald vom deutschen bis Regen. Oder
irgendwas Aussterbendes Blumen
Tiere Bäume. Tusch. Hunger
am besten in Ländern mit A. Kinder
Sterben in Großbuchstaben Kaposi Syndrom Haupt
Sache zur Sache die Sache
kritisch gesehen die Erde ein Jammertal aber
mit Wasserspülung Lohnfortzahlung Klimakonfrenz
Zeilen Zeilen Zeilen durch das Leid auf Kredit. Mensch
Heil statt den vor der Haustür oder dieses
Gekröse in der eigenen Brust bloß nicht
zu nah bloß nicht Schreiben mit einer Hand in
der Wunde oder auf Messers Schneide.
Bloß keine Verse mit der Hand in den Sternen
oder auf Taubenfüßen. Gestern hast du den ersten
Leuchtkäfer in diesem Jahr gesehn? Gestern küßte
dein Mann das Fell einer anderen Frau? Gestern hast du
die Stiche im Arm deines Sohnes gesehn?

Sahst wie Abel den Bruder erschlug Kleider und Pässe tauschte?
Gestern brachte deine Frau ein gesundes Kind zur Welt?
Tut nichts zur Sache. Der Menschheit. Halt ein
lautloser Augenblick im August ausladender Mittagsbaum
über den späten Rosen und der Himmel
da oben wie ist er so weit und verborgen.

Lob des Konjunktivs

So als ob das Licht so als ob die
Wärme als ob die Farben so als ob
das Ganze noch einmal als ob das Ganze
für immer und immer noch einmal so
als ob es nichts Trennbares gäbe den
Trennschnitt nicht gäbe von einem
zum anderen Blick als ob von so einem
zum so anderen als ob so wie ewig so als ob

Nietzsches Wette

Leichter Schneefall setzt ein nahezu
Mittag verdüsterte Himmel die Baumwipfel
Flüstern die Krähen schrein ein Gespräch
Das sich fortsetzt Elstern
Für immer in jedem Augenblick
Schwirren Flugs

Mit einem Buch

                    sich immer weiter aus der Welt
heraustasten heraustexten
Erst   die Fenster verdunkeln
dann   das Gesicht   vor allem die Augen
die nicht auf dem Weg sind
als sei niemand zu Hause
Dunkel und still   Innen aber
erleuchtete Fenster und wie
einer mit dem Leben   davonkommt
die letzte Seite glatt überflügelnd

Mann im Mond

Und du
zu kostbar um als Zeugnis
einzugehen in Dichtung erster Hand
als wärest du ein Ding der Phantasie
geschmeckt gekaut hinabgeschluckt
verdaut verwandelt wie der Mond
so hell und klar und kalt so worte
fern nur noch mit Schutzanzug Raketen
Helm Grammatik zu erreichen
und in den Ästen überm
Dach vorm Haus so saftig anzusehen
daß jedermann reinbeißen möchte wie
in' frisch gepelltes Früchtchen Poesie.

Abendländisches Preislied

Komm auf die Schaukel Luise Sils
Maria und Golgatha da ist es ja
wieder das lyrische Ich es ist ja immer noch
oben und drunten und plötzlich da mit

lautem Aufschrei und ohne
Ablaß nur für Sie
im Schlußverkauf das Ende des Ex
Hopp gehts weiter im Text von Bethlehem

den Preis verleiht die nächste
Zeil – new style passé fini –
schenkt man sich Rosen in Vichy
Rosen vom Pakistaner.

Im Kopf

Es beginnen die Finken zu schlagen
Hast du gehört? Wieder mehr als fünfzig Tote
Der Täter sprengte sich mit
in die Luft. Wo? Jerusalem

Es wird Frühling. Darauf kannst du
dich verlassen. Wärmer auch.
Im letzten Jahrhundert durchschnittlich
0,7 Grad. Wo? Auf dieser Erde

In Hamburg räumt man jetzt
die Bettler aus der Innenstadt
Die Ziele sind in Sicht. Hast du schon
eins gebucht? Ist aber nur mit Rückflug

zu haben ohne festes Abreisedatum. Sprich
lauter. Du bist schlecht zu verstehen. Ein
guter Mensch ist schwer zu finden. Sagst du.
Der Neffe zweiten Grades hat sie

mit seinem Taxi zweimal überrollt. Sie wollte
kein Kopftuch tragen. Wo?
Ist doch egal. In England irgendwo. A.
ist schon wieder schwanger. Neun Teilchen

Anti X Materie sind schon gefunden. Du kannst
nicht jedem nächsten besten in die
Augen sehn. Der Mann in Kyoto der
dir folgte ins Hotel. Unschuldig. Du

mußt mir glauben. Wo? kämen wir
da hin? Da um. Du kannst dich drauf
verlassen. Still Still. Und immer schneller
die Windmühlenflügel in meinem Kopf.

Tortenguß

Wohl dem der eine Sache hat gerade
so groß daß er drin aufgehn
kann und da und von und unter
der Hand ihn in Bewegung setzt
so daß er andere mit sich fetzt rein
in die reine Sache. Und für
die Sache aus der Sache bei der Sache runde
gute Sache große Sache feine Sache Torte.
Viele mitreißt nur die Sache dient der Sache
wer sie hat tut nichts zur Sache sagt
der eine Sache hat. Oben
guckt er aus der Sache
raus wien Sahnehäubchen.

Manche freilich

Daß sie dir deine Wörter im Mund umdrehn bis
dir die Zähne rausfallen daß sie dir
deine Wörter zerreißen bis du sie nur noch
auffegen kannst in' Müllbeutel
weg damit daß sie drauf rumtrampeln
oder sie in einen Käfig am Kirchturm hängen
bis sie verdorren daß sie dir deine Wörter
biegen und brechen aufknüpfen wie Galgenvögel
daß sie das alles treiben solange bis sie
glauben dies alles sei ihr gutes Recht und
daß sie mehr sind als ausm bißchen Druckerschwärze Scheiße.

Grüne Bohnen

Gruß an Cicero Haben Sie ihn schon geritten Zaumzeug und Sattel
straffe Metaphern Metonymien präsentiert wie eine Opferschale
auf oder ab steigender Ast mit blauem Damast überzogen
zur Seite weichen gewinnen sich verdrücken Staub
Sonnenschein ein singender Vogel die Erde ein Monstrum
aus roten fleischigen Herzen pulsierendem Blut
ihr sinkendes flutendes Haar
ein dumpfer Knall und noch einer Hundegebell wir sind
raus aus dem Schneider jetzt hätte ich fast
die grünen Bohnen vergessen

Hymne

Manch Trennendes im Weg dem
was ein einig Liedchen werden will für tausend
Zungen. Pfingstwunder März und eine neue Rundschau Inter
Pret a Port Ionen alter Grenzgebiete täglich von neun bis
siebzehn Uhr vertreten wir die Jugend die Heimat und die
Nationalität. Carefree. Heut abend großes
virtuelles Feuerwerk. Naturgemäß. Noch
Sätze frei. Bewerben bei Frau Föiton. Sektion
Texturschrei Halleluja Allah Om.

So eine weiße Schulter angesichts
gesellschaftlicher Überreiztheit kann
nicht ohne schöpferische Reize sein Ekstase
so eine Süße deren Motor Wille ist und
was die weiße Rasse angeht weiß
ich nicht warum ich immer noch ein
Fotograf bin der für euch die
Schultern und das Weiße knipst zusammenstellt
als wärs ein Stück von mir.

Mein linkes Auge träumt. Das rechte
wacht. Das Ticken in der Stirn
nimmt zu. Die Zungen Messer
scharf trennt von der Liebe

Not bleibt da
wo es mich zerkratzt hat
weiße Narben. Das Seil reißt
ab. Der Aufschwung steht bevor.

Herzfressen Soroh

Jetzt bist du dran mein Herz zieh
deinen Trenchcoat aus und mach
die Lippen auf weit auseinander Knie
auch und Knöchel helles nacht

langes Licht Getümmel wie
aus Apfelsinenmarmelade so zer
stückelt und so zähnesüß zerrieben rie
sige Achselhöhle Schutz und Schelter

Runddach so kuppelig so blond
und blank so schweifend wie ge
schlossen so baldachinen thront
dein Bauch so Rippenbogen hochbe

lohnt Durchreise drunter krauses Haar
wie Draht fleischrote Herzenssaat so
hier in mir und nicht in mir paar
hufiges Zweirückentier am liebsten so und roh

Gut Kirschen essen

Wenn wir die Frucht mit Zunge und Zähnen
zerstören Zerstörung genießen zerstören
müssen wo wir genießen bis alles
versehrt ist verzehrt ist in fremde
Essenz überführt ist feindliche
endliche Kernsiege und wir
verzehrt sind restlos verzehrt sind
oder mit so viel Kraft noch unser
eignes Verzehren uns zu besingen zweite
Natur Melodiengespenster Perücken
aus Lebendhaar überm Leierkasten
der sich langsam dem Ende der
Sackgasse nähert dem Wasser wo er
sich spiegelt mit Kurbel und Rädern
unstetes Häutchen oberflächlicher Farben
und Formen beinah ein Menschengesicht
und wieder die Frucht vortäuschend
das Essen der Frucht und das Singen
solange die Töne nicht stecken bleiben
im Hals wie ein Kirschkern aus
spucken wieder beginnen immer
leiser? immer? bestimmter?
aus dem Mund? aus der Leier?
dem Kasten?

Ballade von Galileo
und zwei Frauen

Ballade vom Mann daneben

Wunderbar schöner dicker Mann – neben blauer Hortensie
Kümmel zwischen den Zähnen aber mit Haltung
Und Zweigangschaltung in der Gebetsmühle so
Stell ich mir die Liebe vor im Eichamt

Bevor dies Nagen und Lecken beginnt dies
Nagen und Lecken der Wellen am Strand dies Jagen
Und Feuermachen am Herd Zahnlücken und
Haarausfall. Es war einmal ein schöner Mann
Ein dicker wunderbarer Mann so fangen alle
Märchen an – neben blauer Hortensie.

Ballade von der Prinzessin

Sie pfeift auf den Prinzen es lebe
Der Froschkönig Tritt in die Eier Verwandlung Sein
Strohblondes Grinsen ihr weißes Gesäß Liebes
Fall untern Hollerstrauch. Schwanger.
Sie wurden in Düren getraut. Später
In ein seiden Tuch
Knöchlein sein fein abgenagt Machandelboom
Da drunten.

Ballade von Kleopatras Schlange

Eine schöne Seide Fühlt sich gut an Das
Sterbebrüstchen ist schon aufgedeckt.

Ballade von den Füßchen

Klimpern trippeln ruckedigu Riemchen
Kreuzweis und weibliches Wesen
Kirschrot schöne Fesseln Knie Kichern
Unter den Wimpern lila und blau
Kommt die Stunde sie kommt zu
Ihm kommt eine geschlagene Stunde
Mit rosigen Füßchen die Erde betritt von
Hinten wippend beinahe lautlos schmerzlos
Röcheln huschen vertuschen sie kann
Kein Blut sehn Finger Flügel Füßchen
Spuren nie.

Ballade von der Frau am Meer

Tritt vor die Tür vom Wienerwald und schüttelt
Geruch nach heißem Öl Geflügel und Pommes frites
Aus ihren blond gefärbten Haaren

Sie reckt die Arme aus den Schultern übern Kopf
Und teilt die Luft wie eine Schwimmerin

Gelb ihre Haut und um die Augen Schatten
Sie lächelt aber ganz wie eine Braut so

Auf dem Asphalt die Autoreifen rauschen
Als führen sie am Meer entlang

Wolken ziehn auf. Ein Sonnenstrahl genügt
Ihr einen ganzen langen Sommer vorzumachen

Sechs Wochen ist es her daß man den
Knoten unter ihrer Zungenwurzel wegschnitt

Jetzt schmeckt die ranzige Luft wie
Fichtenduft nach einem warmen Regen ihr.

Ballade von Mutter und Kind

Kurz nach dem vierzigsten Geburtstag
Hat sie es erfahren. Ihr Sohn ist acht
Und seither bei der Tante. Erst hieß er
Mehmet. Dann verschwand der Vater. Jetzt
Heißt er Johannes. Die Chemotherapie
Ist abgesetzt. Beim ersten Wiedersehn nach Wochen
Riß ihr das Kind im Spiel die Mütze runter.
So weich die eine Schädelhälfte
Wie ein Säuglingsgaumen und spitz abfallend
Bis zum linken Ohr. Oh hier rief er und strich
Der Mutter übern Haarkranz hinten. Hier fühlt sich alles
Ganz wie früher an.

Ballade vom Existentiellen

Als wüßte man wenigstens diesen Vormittag noch
Zu deuten vorm Fenster die Eiche links Fax rechts Telefon
Orangenförmig angeordnet die Welt im internet press enter
To continue der Briefträger bringt ein Paket mit lyrischem Ich

In fünfundzwanzig Bänden schlamasselförmig angeordnet aber
Das Gesamtregister fehlt. Die Wissenschaft hält sich
Noch ein paar Seiten. Dann wird es spät und Wissen
Ist gewesen ein Spitzel mit Perücke und Pro
Thesen Gras drüber Contra nichts als Gras
Handcoloriert Glasur.

Ballade vom Schriftsteller

Er hat es wieder getan. Bei Brot und Wein im Monden
Schein im Sonnenschein. Allein. Kann nit
Verstan. Das wahre Sein. Pfingstrosen Asylanten
Heim die Augen gingen ihm über
Die Schreibtischkante hinaus und zurück ins
Als ins Nichts ins Kinkerlitz mit Kraft Süß Spreng
Stoff Aberwitz. Er tut es immer wieder.

Ballade von dem meisten Mann

Der meiste Mann hat eine Frau
Im Haus und in der Hosentasche
Eine Schachtel: Drin kleiner
Tisch zwei Stühle Bettchen und eine

Kleine Frau. Die holt er
Manchmal raus und haucht
Sie an bis sie
Lebendig wird mit ihm

Zu spielen so
Lange bis der meiste
Mann ganz nahe dran ist
Daß er weinen muß.

Ballade von der Komtesse

Ertrinken Mondschein Liebeskummer
Sie dürfen dreimal raten. Die Komtesse
Ein Mensch begibt sich in das
Und versinkt. Die Strömung wälzt
Ihn um und zieht ihn weg
Kadaver. Obduktion. Zwei Tote
Das soll die süße Frau Ball
Königin gewesen sein?

Ballade vom Opferlamm

Schlag mich
Hauptsache ich spüre dich
Töte mich wenn ich nur lebe
Du brauchst keine Bomben
Dein Lächeln von Schläfe zu Schläfe
Dein Schweigen
Mach mit mir was du willst
Solang dein Totschlag mich am Leben hält
Komme ich wieder
Jede Nacht.

Ballade vom Eingewiesen werden müssen

In eine Nervenklinik eingewiesen werden müssen
Bitte Warten – Der Teilnehmer meldet sich nicht
Die Ergebnisse der Untersuchung sind noch nicht bekannt
Mal Hier mal Dort im Hier und Jetzt
Wenns das bloß wäre – Paß doch auf!
Zusammenhalten – beißen – stehen – schlagen. Lüg nicht!
Niemand in diesem Haus hat je auf dich geschossen.

Ballade von Angesicht zu Angesicht

Erst als es durch die Tür stank
Die Schurwolldecke bis hoch unters Kinn
Gelbbraun karierte Filzpantoffeln
An den aufgestellten Füßen

Ihr Kopf auf einer grellgeblümten Nackenrolle
Jetzt sah ich ihr Gesicht
Zum ersten Mal. Ich hatte
Ihr nie ins Gesicht gesehen

Sie roch nicht gut
Wenn sie die Treppen hochkroch
Ich rannte immer schnell
An ihrem krummen kümmerlichen Leib vorbei

Keinerlei Zeichen äußerlicher
Einwirkung von Gewalt.

Ballade von Galileo und zwei Frauen

Der Job der Mann das Kind das Schreiben alles
Unter einen Hut – es geht nicht mehr.
Drückt eine Zigarette aus und macht
Die nächste an. Noch ein Glas Wein.

Wir sitzen im Da capo. Das erste
Teleskop zeigte die Zacken an den Rändern
Des Mondes – kein schönes Muster
Vielmehr wüst zerklüftet. Verlassen

Sagt die Freundin will sie ihn und reckt
Die Gabel vorwärts. Frei sein. Ich habe
Auch schon einmal einen Mann
Verlassen. Die Sonne

Nicht die Erde ist das Zentrum. Er
Weinte. Und ich konnte ihn nicht mehr
Berühren. Chianti Saltim bocca ein Salat. Goldenes
Licht durch hohe Fensterscheiben. So junge Arme

Eines jungen Mädchens am Nebentisch um
Einen jungen Mann. Hat eine Frau wie meine Freundin
Einen Arm zuviel einen zuwenig? Sind
Wir denn Monster? Sind wir unersättlich?

Die Priester gegen Galileo verweigerten
Den Blick durchs Teleskop, beriefen sich auf Gott
Und auf die Ptolemäer. Dort waren Teleskope
Unbekannt. Die Nähe des Geliebten. Unser Haus

Milchflaschen vor der Tür. Die Erde eine Scheibe
Schwarzbrot mit Heidehonig. Holst du
Das Kind ab? Bring die Zeitung mit. Das und
Und das andere – das mit

Dem dritten Arm. Am Schreibtisch. Alleine
Mit dem Ungeprüften. Besessen selbstvergessen
Hielt Galileo seine Augen in die Finsternis. Jupiter hat
Vier Monde. Schlug jede Warnung in den Wind.

Als er alt blind verstummt war fragte ihn
Ein Schüler ob er wirklich widerrief: Ja
Sagte er, sie zeigten mir die Zangen und
Meinem Körper graust vor Schmerzen. Ich kannte

Eine Frau die hörte mit vierzig auf Klavier
Zu spielen: Pillen Elektroschocks zum Schluß
Ins Wasser, die Tochter nach fünf Kindern
Fing zu malen an. Krebs und mit fünfzig tot. Ich

Bin ihre Tochter. Mein Körper fürchtet sich. Die Sonne nicht
Die Erde steht im Zentrum: So Galileo am Ende. Und:
Jupiter hat drei Monde. Dies als Gefangener
Im Kerker Kerzenlicht und immer

Schneller erblindend. Zahlen. Und sie
Bewegt sich doch. Es wäre schön gewesen
Er hätte diesen Satz wirklich gesagt. Draußen
Am Firmament der gute Mond. Von

Klüften keine Spur.
Ganz weich ganz
Wie eine runde Sache.

Wer sagt dir ob

Wer sagt dir ob

nicht ein leichtes Winken der Hände
ein leichtes Murmeln der Lippen
ein Augenzwinkern aus dir
ein Grasbüschel macht einen Vogel
der aus den Sternen auf dich herab
scheißt oder ein anderes gottähnliches Wesen

Weiter Weg

übers Feld   Kluft zwischen Fuß und Fuß
Kraftfelder voller
Bedeutung   Du denkst
du kannst noch einen Satz errichten
Solange du noch bei Bewußtsein bist
den stummen Augenblick nicht überhörst
solange noch
kannst du Isolde Tristan anvermählen
und viele Kinder Enkelkinder schenken
und wenn sie nicht gestorben sind so haben
sie nie gelebt um eine Nacht
der Liebe sink hernieder   und immer
herrischer die Pausen zwischen Ton und Ton

Frau in Blau

Fernes Beben der Erde der Hand   der ganze
Körper bebt in feinen Pinselstrichen
Beben gebahnt durch Sehnen
und Muskeln Gewebe
Samtmieder Halsband Spitzenhäubchen
schwer wie der Weg
den sich das Wasser aus den Steinsgeschichten
bahnt   ins Blau   aus reinem weißen
Schweigen leinenblassem Schweigen
in blaue Erscheinung blaue Fluchten
aus Kindertagen ins dreißigste Jahr
innerlich von Weinen geschüttelt müde
von so viel Form und Befreiung

Dichter frischer Regen

Geist bewahren ruhig und frei leicht
wie dein Haar aus dem Halbschlaf weht am Morgen
über die Seite wo du gerade
im Leben stehst wieder von Anfang an
Deine Wolke regungslos unterm Wind
senkt sich herab jetzt keine Bewegung
der erste Tropfen jetzt möchtest du weinen
oder eine Stimme hören die sagt
daß es anders nicht werden kann.

Eichenduft Leichtigkeiten
von alldem was an den Schlaf rührt
Spitzen der Sonne zugekehrt
aus der Erdenge Luft atmen silberne
Spitzen scharf wie aus
Stahl gestochen
Ahorn ein Einzelgänger seine Samen
Flugkörper weit weg

Satz am Bau

Wer aus dem Kopf geht wo
kommt der an? Zerstückelt
die Wege zu den Festen unter
der Hirnschale. Scharfe Einlaß
kontrollen. Nur für geladene
Gäste die keinen Satz mehr
zu Ende bringen bei Tisch
dann endlich ein Gespräch
über Kunst aus dem Kopf.

Wie schnell

ihr euch zufrieden gebt
mit meiner Echthaarperücke
Echthandprothese meinen
hautechten Berührungen
während ich ununterbrochen
bei den Buchstaben bin
die Nuancen alles
Lebendigen immer genauer
umzingeln zu lernen
Nur meine rechte Hand und
höchstens so weit
aus meiner Höhle
bis auf dieses Papier

Zwei mal eins

Dann endlich treffen Ich und Du im
dritten Band der Evolution zusammen. Ein jeder
fragt sich wer der Neuankömmling ist
mit den zwei Köpfen ineinanderfestverhakten Köpfen
die wachsen wachsen hecken
von einer Seite auf die andere
von einem Ort zu keinem Ort zum anderen
so lange bis im Räderwerk der Schöpfungsmühle
Ich und Du mutiert: Wirtier
mit zwei Gehirnen und zwei Herzeleiden.

Stückwerk

Vorwärtsstoßen immer
ein Stück weiter vorwärts bis du
die Trophäe erreicht hast ein Stück
das in dein Mosaik paßt
buntes Zeug aus allerlei
Vorwärtsgestoßenem. Vorwärtsstoßen
immer ein Stück
weiter vorwärts bis du
das Stück erreicht hast das
letzte Stück in dein Bild paßt
wo er auf dich wartet
dich vorwärtszustoßen
das letzte Stück

Hypothetisches Sonett

Wenn wir tiefer atmeten langsamer
gingen ruhiger führten unsere Augen
von einem zum anderen nur noch leise
sprächen und selten: ewig lebten wir

nicht aber ein bißchen ewiger doch
wie das Meer vielleicht oder sogar
wie Worte und Sätze vom Meer
oder dieser eine Nachmittag heute

an dem wir einander vergessen machen
was anderswo auch geschieht
dauerte sagen wir drei bis vier Wochen

die wiederum ein paar
doppelte dreifache Jahre oder
wenigstens: Jetzt.

Exponat

Meine Erinnerungen kreisen
in deinem Kopf meine rechte Hand weiß
um das Tun deiner Linken ich habe deine
Wörter erfunden und du die meinen Wörter
des Traums der Kindheit des Todes Codewörter
große und kleine des Tages der Nacht.
Was ich dir versprach hast du gehalten von
deinen Wunden die Krusten lösen sich
von meiner Haut. Wenn wir uns
nicht mehr wehren können
werden sie uns präparieren studieren etikettieren:
Unwesen. Ausgestorben. Nicht artgerecht.
Ein Fehlschlag der Natur.

Alpenglühen

Weißt du noch
auf dem Abstieg ins Tal
nach diesem Nachmittag
über den Höhenweg
Schritt für Schritt wie
in alter ehelicher Gemeinschaft

Und wir hatten beschlossen
uns Lebewohl zu sagen

Als der Pfiff eines Murmeltiers
diese Explosion auslöste
unsere scharf umrissenen Ränder auf
zackte daß wir fühlten etwas
rieselte unaufhaltsam aus
unseren Eingeweiden wie Katzengold funkelnd
Und die glühenden Bergspitzen
sich in unsere Herzen verkrallten

Bis es sich wieder zurückzog
Die Ränder sich schlossen
Die Gedärme wieder in ihren Schlingen gesichert
Und wir nur noch darauf bedacht waren
als hätte uns jemand
ganz gewaltig über den Löffel balbiert
den Abstieg hinter uns zu bringen

Ausflügler sein

                              nicht zu weit von zu
Haus im Gehege und heiterer Luft
unter anderen   Stimmen vielfach
undeutlich freundlich   Lachen
losgelöst von den Lippen wie fliegende
Ameisen spazierengehende Füße Arme
auf Lehnen auf Bänke gebreitet
bummelnde Grüppchen zielloser Aufschwung
von Möwen und Gänsen müßig
gängerisch wir unter Hüten aus Stroh
Trinken auch und Essen aus Körben
auf Steingrasplatten da wo der Boden
sacht abfällt im verläßlichen Schatten
des Ahorn Kinder mit Bällen und Hunden
in Wollgrashöhlen verschwindend
malerisch landschaftlicher Bewuchs soweit
unser Auge reicht
Später zurück über kleine waldige Hänge
im dünner werdenden Licht
spüren wir wie sich unsere Träume
vermengen wie zuvor unsere Stimmen und Blicke
und wir alle zusammen Einlaß begehren
dorthinein
wo die Erzengel jauchzen und Beelzebuben
abklatschen wie Fliegen.

Wie sie es nennen

Zwei Blätter an einen Baum geklammert
ehe es kalt und schwarz wird   Winter
wie sie es nennen   Und eine Stimme ruft
von der Zinne   nach dir   nach mir
in einer dunklen Sprache   Sprache
der Krähenschwärme   Sprache aus Schnee
Sprache die in deine Ohren und meine der Wind bläst
Sprache die löst dich von mir
Sprache die löst mich von dir
ehe wir sie verstehen oder den blattlosen Baum
oder wie es im Winter ist oder sogar danach noch

Tee

Erste Ahornblätter trocken und braun verbogen innen
nach innen außen nach außen und ungleichmäßig
auf eine Terrasse mit roten Platten viereckig
und sauber gefugt keine Stelle ausgelassen zwei
Risse darauf die Blätter gekrümmt wie
beschrieben treffen auf Platten und Fugen drei vier
Sätze macht jedes Blatt wie wild geworden wie
lebenskräftig wie in ein anderes verwandelt nach so
langem Blatt am Baum jetzt Heuschreck oder
Amsel in Hecken drei vier Sätze dann starr
auf einer Platte oder zwischen Platten und Fugen bis ein
Windchen ganz kurzfristig kurzatmig über sie her
geht sie hin und her legt geschwätzig schnell
umdreht sehe ich neige ich meine
Tasse zum Mund was noch am Baum
steht im rotbraunen runden Tee.

Drachensamen

Jeder braucht einen Ort wo er hingehört
stecknadelkopfgroß im Weltatlas
das Stöhnen der Wörter
die ihre Dinge verloren oder ihre Bedeutung
Wörter die alle Hoffnung aufgaben fortgingen
oder in Körbe verfrachtet in Kellern lagern
strenge Formen reimverschnürt wie manche Dinge
auf die wir uns keinen Vers mehr machen können
keinen Vers mehr aber ein Verb vielleicht
etwas das mich über dem Felsen festhält
oder mich vorwärtsschubst
wie ein Kind: Sieh zu daß du weiter kommst

Brief aus Arkadien

Wir alle leben hier mit jungfräulicher Kehle   Kein Wort
in dem Schreckliches steckt von dem was dahinter
Hinter all dem Zitternden Zugeschnürten Unterirdischen
Sich Regen Rumoren   Ein Wort mehr   und es küßt
Noch eins   und es tötet   Auch sonst
geht es hier zu wie im wirklichen Leben

Frucht in der Farbe der Luft

Aufschrein Magnifikat
reines Hinausschrein was unterm
Himmel abbrennt blitzender
Augenblick lauschender Augenblick
duftender Augenblick – die Hand auf
eine Blüte legen ein Blatt und die
Hand vibriert füllt den Körper mit
Wellen Gesängen sinnblinden Silben
Schwingungen Mischungen runde sich
überlagernde Linien auflösend das
harte Wort auspressend das harte Wort
wie eine Frucht Saft eines Augenblicks
schlürfen wie man einen fremden
Mund schlürft den Speichel Rohstoff
unsinniger Harmonie Energie der
Erde in sich hineinschlürft der
Erde verschrieben das Offenbare täglich
neu registrieren   und die Kämme knistern
in den magnetisierten Haaren funken
sprühender Jubel Zehen
spitzen die kaum noch den Boden
berühren lebendig und flimmernd
schrilles Vogelgeschrei blaue Fliegen
glitzern um einen Teller voll Kirschen
Pflanzen über Pflanzen Farben
Pracht erfüllt von Erwartung
zitternd berauscht vom Mädesüß träger
Lauf der Dinge (das Leben von einem)
Garten im Sommer (aus gesehen) Schlupf
winkel fast mich erstickend wenn ich nicht

Wort fasse mich ins Wort fasse fürchtend
mich nach und nach zu verwachsen in
Blätter in Blüten in einen Ast am Zweig
am Baum Grammatik fernab vom Menschen
fernab von Zeichen und Formeln fernab
von meinem Wort mit dem die
Geschichte mich ködert zwischen den Zeilen
fängt und sich einverleibt Nicht-Wort im Auf
Prall mit Wort umringt von dem
was wuchert und schreit vor Leben vor
Wildnis in der sich das Wort versteckt
bebend vor Angst im falschen Moment
entdeckt zu werden ins Licht gezerrt
wo es schmückend verdorrt traurige
Frucht in der Farbe der Luft viel
weiter weg als alles Lebendige das sich
die Schnauze leckt wenn es das Wort
verschlungen hat wie die Katze
die Maus grüne Hände grüne Köpfe
furchtlose Vegetation fragloses
fleischiges Grün über
sprudelnde Unmenschlichkeit Welt
mit den Zähnen zu essen die Rippen
eines Kinderkörpers in den Armen fühlen
innehalten sich die Stirne wischen
wie vormals ein Landmann Ich
auf der Flucht in die Hand
hinterm Kopf fünf Fingernägel
fünfmal weißer Halbmond
im unteren Bereich

So

eine Weste aus all diesen Sommertagen so
etwas Wärmendes für den Rücken meinetwegen ruhig nach
alten Mustern und Meistern in den paar Millionen Jahren
hat sich die Mode nicht sehr verändert Stockt
der Saft schwarz im Holunder noch immer
hebt der Mond das Meer aus dem Schlaf
stottert die Amsel an ihrem Namen weithin so
viel offenes Geheimnis
Kugelfest bitte wie die Erdkugel so bis es uns
allen gelingt ein wenig zarter zu werden
hauchzart wie das neue Häutchen überm aufgeschürften Knie.

Inhalt

Das Gedicht »Galileo und zwei Frauen« wurde
angeregt von: Honor Moore, »Memoir«.

Die Deutsche Bibliothek –
CIP-Einheitsaufnahme

Hahn, Ulla:
Galileo und zwei Frauen : Gedichte /
Ulla Hahn. – Stuttgart :
Deutsche Verlags-Anstalt, 1997
ISBN 3-421-05073-2

© 1997 Deutsche Verlags-Anstalt GmbH,
Stuttgart
Alle Rechte vorbehalten
Typographie:
Brigitte und Hans Peter Willberg
Satz: Typomedia Satztechnik GmbH,
Scharnhausen
Druck und Bindearbeit:
Jütte Druck GmbH, Leipzig
Printed in Germany
ISBN 3-421-05073-2